Lucien Bély
Professeur à la Sorbonne

LE MONT SAINT-MICHEL

Photographies

Hervé Champollion
Hervé Champollion est représenté par l'agence TOP-RAPHO, Paris

En quatrième de couverture :
photo en haut à gauche, E. Cattin ; photo en bas à droite, B. Demée

ÉDITIONS OUEST-FRANCE

Vue aérienne du Mont Saint-Michel :
la partie occidentale de l'abbaye. Photo Richard Nourry.

SOMMAIRE

Saint Michel, le moine Gelduin et le diable. Ms 50, f°1, saint Clément,
Reconnaissances. Scriptorium du Mont, après 966. Photo Bibliothèque d'Avranches.

L'HISTOIRE DU MONT SAINT-MICHEL

Le rocher,
la forêt
et la mer.

Il faut imaginer
le Mont Saint-
Michel avant toute
construction
humaine. C'était
un rocher haut de
quatre-vingts
mètres seulement,
aux flancs abrupts.
Le granite, dont il
est constitué, est
une roche très dure
qui a bien résisté,
pendant des
millénaires, à
l'érosion, c'est-à-
dire à l'attaque du
vent et de l'eau.
C'est pourquoi cette
butte domine, avec
quelques autres,
une région basse.

La vision de saint Aubert.
Ms 210, f° 4 verso
(détail), *Cartulaire du*
Mont-Saint-Michel.
Scriptorium du Mont,
1154-1158.
Photo Bibliothèque d'Avranches.

Autour du Mont s'étendait une forêt épaisse que l'on appelait peut-être la forêt de Scissy. Elle a disparu car la mer, peu à peu, l'a envahie. Des troncs d'arbres ont d'ailleurs été retrouvés, enfouis dans les sables. La légende raconte qu'un véritable raz-de-marée, c'est-à-dire une invasion brutale et dévastatrice de la mer, a définitivement transformé le paysage, peut être au début du VIIIe siècle, au moment où l'évêque Aubert dédiait ce Mont à saint Michel. Le Mont était désormais une île, tout comme la butte voisine de Tombelaine.

La marée, dans la baie où se dresse le rocher, est parmi les plus fortes du monde. L'amplitude, c'est-à-dire la différence de niveau entre la marée basse et la marée haute en un même endroit, y dépasse douze mètres. Or, les grèves sont presque plates. Pour atteindre son niveau de marée haute, la mer doit parcourir en quelques heures plusieurs kilomètres : cette vitesse est fabuleuse. C'est, selon une image traditionnelle, un « cheval au galop » qui peut menacer le pêcheur de crevettes ou le promeneur imprudent.

Trois rivières divaguent sur les grèves : la Sée, la Sélune et le Couesnon. Ce dernier est la frontière entre la Bretagne et la Normandie, puisque, comme le veut un dicton fameux : « Le Couesnon a fait folie, c'est pourquoi le Mont est en Normandie. » Une vase grise, la « tangue », donne au paysage sa couleur tendre. Les sables, lorsque l'eau salée ne revient plus les recouvrir, sont envahis par une herbe, fort goûtée par les moutons, appelés « prés-salés ».

Dans ce cadre de sable, de ciel et de mer, fut édifiée une abbaye aux allures de citadelle, dont la hauteur, au sommet de la flèche de l'église, atteint près de cent soixante-dix mètres.

Le Mont Saint-Michel vu du nord.
Au premier plan, la Merveille, c'est-à-dire la partie gothique de l'abbaye.

Les ermites

Dans l'Empire romain qui déclinait, une religion nouvelle apparut : le christianisme. Des hommes qui croyaient en un Dieu unique et en son fils, Jésus de Nazareth, parcouraient l'Europe. Ils chassaient les dieux de Rome et les dieux anciens des bois et des étangs. Pour fuir la foule et les plaisirs, des chrétiens austères, les « ermites », vivaient, comme des pauvres, dans la solitude des forêts et des îles désertes. Le lieu qui porte, de nos jours, le nom de Mont Saint-Michel, était alors appelé le Mont Tombe, ce qui signifiait à la fois le « tombeau » et l'« élévation ». Cette butte a sans doute attiré des ermites, car des chrétiens, venus peut-être d'Irlande, s'étaient installés très tôt autour de la baie, et près de Dol-de-Bretagne. Une légende merveilleuse raconte que les pêcheurs fournissaient de la nourriture aux solitaires du Mont. Lorsqu'un ermite avait faim, il faisait un feu ; les villageois en voyaient la fumée et ils chargeaient de vivres un âne. Dieu le guidait à travers les restes de la forêt de Scissy jusqu'au refuge du saint homme. Un jour, un loup dévora le baudet : Dieu condamna la bête féroce à remplacer désormais l'innocent animal.

Pendant ce temps, le culte de saint Michel se répandait de l'Orient jusqu'en Gaule. Des créatures célestes étaient associées au Christ : parmi elles, les anges et les archanges, Michel, Raphaël et Gabriel. D'après la Bible, lorsque Satan, l'ange déchu, se compara à Dieu, un autre ange se dressa face à lui, et cria « Qui est comme Dieu », c'est-à-dire Mi-ka-ël, Michel. C'est à cet être divin que Dieu confia ses armées : saint Michel est un guerrier, le « Prince de la Milice Céleste » ; il porte une armure ou une longue tunique blanche ; il tient à la main une lance ou une épée flamboyante. Dans un livre écrit par l'apôtre saint Jean, l'*Apocalypse*, un dragon à sept têtes couronnées et aux dix cornes, dont la queue balaie les étoiles, menace la Vierge et l'Enfant-

Bréviaire de Salisbury : le Mont Saint-Michel et ses remparts du xve siècle ; l'archange surveille Aubert qui reçoit les premiers pèlerins. Aubert frappe le rocher de sa crosse épiscopale et, tel Moïse, fait jaillir une source. La première messe est célébrée dans le nouveau sanctuaire. Paris, BNF, ms latin 17294.

L'archange saint Michel luttant contre le dragon.

Dieu qui vient de naître. Michel et ses anges combattent ce serpent de Satan et le terrassent.

Aubert dédie le Mont à saint Michel

L'archange apparut plusieurs fois en Italie : à Rome, près du château qui a gardé le nom de Saint-Ange, et au Monte Gargano, presqu'île rocheuse, sur la mer Adriatique.

La ville d'Avranches, toute proche du Mont, était, en l'an 708, gouvernée par un évêque, Aubert. Une nuit, celui-ci vit en songe saint Michel. L'archange lui ordonnait de consacrer à son culte le rocher, que la mer achevait alors d'entourer. Aubert n'en fit rien, craignant d'être trompé par son imagination. L'ange s'impatienta, et, lors de sa troisième apparition, il enfonça son doigt dans le crâne de l'incrédule. Il multiplia les miracles pour convaincre l'évêque et les chrétiens. Un taureau, qui avait été volé, fut retrouvé, au sommet du Mont, comme l'avait annoncé Michel. L'oratoire que devait construire Aubert aurait la grandeur de l'endroit foulé par le taureau, selon un récit ; selon un autre, il occuperait l'espace laissé sec par la rosée du matin. Comme l'avait demandé Michel,

Aubert envoya des messagers vers le Monte Gargano, en Italie. Ils en rapportèrent des souvenirs sacrés : un morceau du manteau rouge que portait l'archange lors d'une de ses apparitions et un fragment de l'autel où il avait posé le pied.

A leur retour, Aubert commença l'édification du sanctuaire. Le travail des hommes fut facilité par des interventions divines. Une grosse pierre fut écartée par un vieil homme des environs, appelé par Dieu, à moins que ce ne fût par un petit enfant qui, en le touchant du pied, la fit basculer dans le vide. Sur cette butte, l'eau potable manquait : un miracle fit découvrir une source d'eau vive : c'est la fontaine Saint-Aubert.

Aubert installa sur le Mont qui, peu à peu, devenait le Mont Saint-Michel, quelques hommes pour prier Dieu et son archange.

La fondation de l'abbaye

La paix et la prospérité que Charlemagne fit régner durèrent peu. Des hommes du Nord, les Normands, vinrent chaque année ravager les côtes. Leurs bateaux, effilés et rapides, les drakkars, semaient la terreur. Ils pillaient surtout les sanctuaires où des objets d'or avaient été accumulés pour honorer Dieu. Le Mont a sans doute souffert de ces expéditions meurtrières. Les Normands finirent par s'installer, et le roi des Francs reconnut l'un de leurs chefs, Rolf le Marcheur ou Rollon, comme « duc de Normandie ». En échange, le

redoutable guerrier se fit chrétien, avec tous ses soldats, et protégea désormais les serviteurs de Dieu.

Rollon et ses descendants favorisèrent la renaissance des grands sanctuaires ruinés. Mais ces nouveaux convertis étaient très durs. Le duc Richard reprochait aux « chanoines » qui vivaient au Mont Saint-Michel, leur immoralité et leur impiété. Il les fit chasser et les remplaça en l'an 966 par des moines pieux et soumis, venus de Flandre, guidés par un homme d'illustre famille, Maynard. Ces onze religieux adoptèrent la règle de saint Benoît, c'est-à-dire un ensemble de principes et d'exigences qui devaient organiser leur vie : pauvreté individuelle, chasteté, obéissance à

Moine bénédictin en prière. Ms 213, f°229, *Histoire du Mont Saint-Michel.* Scriptorium du Mont, XIVe-XVIe siècles. Photo Bibliothèque d'Avranches.

Les bénédictins

Saint Benoît, au VIe siècle, fonda un monastère au Mont Cassin et il rédigea une « Règle » pour organiser la vie de ceux qui voulaient la consacrer à la prière et à la glorification de Dieu. Il adaptait à l'Occident des pratiques nées en Orient avec les ermites. Au VIIIe siècle, saint Benoît d'Aniane restaura la discipline bénédictine. La Règle de saint Benoît s'imposa, car elle était pratique et s'appliquait à toutes les activités des « moines ». Elle était stricte pour la vie spirituelle, mais souple pour la vie matérielle, permettant à des hommes ou des femmes de vivre en communauté. En 910, l'abbaye bénédictine de Cluny naquit en Bourgogne : elle fut bientôt à la tête d'un réseau de monastères qui couvrait une bonne part de l'Europe. En 1958, saint Benoît a été déclaré « père de l'Europe et patron de l'Occident ».

Saint-Michel et le dragon, le Mont Saint-Michel, miniature des *Très Riches Heures du duc de Berry,* début du XVe siècle (ms 65/1284, fol. 195 r°). Chantilly, musée Condé. Photo Giraudon.

Le Mont Saint-Michel.
Au premier plan, la chapelle Saint-Aubert.

l'abbé. L'abbaye qui naissait était donc « bénédictine ».

Les moines avaient un chef, l'abbé, le « père » de la communauté ; il administrait les biens du monastère, embellissait le culte de saint Michel et recevait les visiteurs. Théoriquement les religieux élisaient leur supérieur ; pratiquement, ce fut longtemps le duc de Normandie, comme protecteur de l'abbaye, qui leur imposa son propre candidat. Cela entraîna bien des querelles et bien des conflits. Pourtant, certains abbés, par leur foi, leur autorité et leur générosité, gagnèrent l'admiration de tous : Bernard du Bec, au XIIe siècle, par exemple. Il imposa aux mauvais moines des retraites solitaires sur l'îlot de Tombelaine ; il fit porter à un chevalier malade l'habit bénédictin sur son lit de mort. Cet abbé accrut ainsi le prestige et la puissance de l'abbaye.

L'âge roman

La vocation des moines était de prier : pour eux-mêmes et pour tous les hommes. Derrière les hauts murs du monastère, dans la « clôture », ils ignoraient, en principe, les tentations et la violence du monde. Leurs journées étaient divisées en huit heures : Matines, à la fin de la nuit, Laudes, Prime, Tierce, Sexte vers midi, None, Vêpres, Complies à la fin du jour. A chacune de ces heures correspondaient des prières que les moines trouvaient dans leurs « livres d'heures » ou bréviaires.

Les chevaliers, dans la société dite « féodale », se réservaient

le métier des armes. Mais, lorsque la mort approchait, ils se tournaient vers les abbayes ; un capitaine, Néel de Saint-Sauveur, se réfugia au Mont Saint-Michel pour y trouver la paix. Beaucoup de guerriers demandaient aussi à être enterrés à l'ombre des sanctuaires dont la terre était sainte.

Lorsque les vieux bâtiments ne suffirent plus, l'abbaye, grâce à ses richesses, s'agrandit. Une immense église fut édifiée au sommet du rocher pour servir de cadre grandiose à la prière. L'art de la construction avait fait des progrès en Normandie : l'architecture, qui fut qualifiée plus tard de « romane », y triomphait. Grâce à de puissants piliers et à des arcs gigantesques qui soutenaient les charpentes et les voûtes, une grande hauteur fut donnée aux murs. Deux hautes tours, aujourd'hui disparues, couronnaient la façade de l'église. Pour supporter cette abbatiale, des cryptes, c'est-à-dire des chapelles souterraines, furent édifiées à flanc de rocher. Leurs voûtes, comme celle de la crypte Saint-Martin, étaient des chefs-d'œuvre : seuls le poids et l'ingénieux assemblage des pierres donnaient à l'édifice sa solidité. C'est dans la pénombre de ces cryptes que les moines aimaient prier. Au nord de l'abbaye, des bâtiments dits « conventuels » furent dressés sur trois étages, pour la vie quotidienne des moines. Le dortoir (l'actuelle sacristie) se trouvait près de l'église ; au-dessous, le promenoir des moines, plusieurs fois transfor-

mé au cours des âges ; enfin, près de l'entrée du nord-ouest, l'aumônerie romane, appelée salle de l'Aquilon où étaient reçus les pèlerins.

Les pèlerins illustres

Très tôt des pèlerins illustres vinrent au Mont Saint-Michel pour y implorer la protection de l'archange. Le duc de Normandie, Richard II, y épousa Judith de Bretagne devant les noblesses des deux provinces ; à cette occasion, il offrit à l'abbaye des églises, des moulins, des prés et des forêts. Un duc de Bretagne déposa sur l'autel les titres de propriété de terres qu'il destinait au monastère. Grâce à ces dons innombrables, se constituait un vaste domaine autour de la baie. Les paysans, qui y étaient attachés, transportaient régulièrement vers l'île, en barque, ou sur des chariots à marée basse, une partie de leurs récoltes. En échange, ils recevaient protection et justice.

L'abbé devait aussi honorer les protecteurs de l'abbaye. Lorsque le duc Guillaume eut réussi la conquête de l'Angleterre, le supérieur du Mont envoya six vaisseaux et quatre moines pour féliciter le nouveau duc-roi. Mieux que tous, Robert de Thorigny fut un courtisan habile auprès d'Henri II Plantagenêt, qui régnait sur l'Angleterre et

Guillaume le Conquérant

Les Normands conservèrent le goût de l'aventure militaire et des expéditions maritimes. Certains participèrent à la croisade, d'autres s'installèrent en Sicile. Surtout, ils se lancèrent à la conquête de l'Angleterre. Le fils bâtard du duc Robert réussit à s'imposer en Normandie, puis, à la mort du roi d'Angleterre, Edouard le Confesseur, il fit construire en dix mois des bateaux qu'il lança à travers la Manche et vainquit son rival anglais, Harold, à Hastings en 1066. Guillaume « le Conquérant » devenait roi d'Angleterre. Pendant quatre cents ans, l'histoire de la Normandie et celle de l'Angleterre furent liées. Comme une même noblesse dominait les deux pays, des moines normands furent aussi appelés pour conseiller et assister le roi dans son nouveau royaume, et pour diriger l'Eglise d'Angleterre.

Drakkars normands, scène 6 de la Tapisserie de Bayeux, XIᵉ siècle.
Avec autorisation spéciale de la Ville de Bayeux.

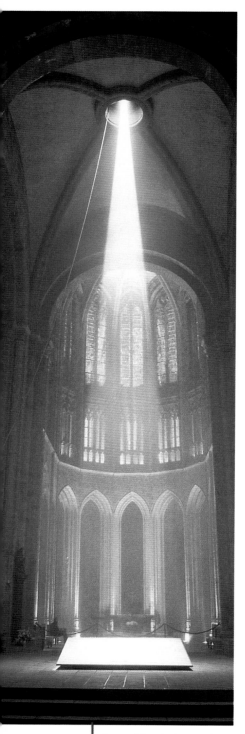

La croisée du transept
et le chœur de l'abbatiale.

une grande partie de la France. Cet abbé symbolise l'apogée du Mont Saint-Michel.

Il y accueillit un fabuleux cortège de princes. Le roi Henri II, dont il était le conseiller, vint lui rendre visite, accompagné du roi de France, Louis VII, de l'archevêque de Rouen, de deux cardinaux qui, plus tard, devinrent papes, et de cinq abbés. Leur entrée dans l'abbaye donna lieu à de somptueuses cérémonies. Pour des visiteurs royaux, toute la communauté attendait sur les grèves à la porte de la ville, avec les Évangiles, l'encens et l'eau bénite : toutes les cloches sonnaient pendant que les seigneurs se dirigeaient vers l'église.

Robert de Thorigny augmenta aussi le nombre des moines qu'il recrutait lors de ses voyages ; il enrichit la bibliothèque, enfin il fit construire, au sud-ouest, une vaste hôtellerie où logeaient les pèlerins — et qui s'effondra au début du XIXᵉ siècle — et à l'ouest, son propre logis.

Les miracles

Lorsque quelque événement étrange et heureux survenait au Mont, chacun l'attribuait à l'influence de saint Michel. Les moines recueillirent le récit de ces « miracles » que tous les pèlerins et les voyageurs répétèrent au fil des âges.

Un jour, une femme aveugle arriva en face du Mont et lorsque son regard vide se tourna vers lui, elle retrouva la vue. « Qu'il fait beau voir » s'exclama-t-elle, et le nom de Beauvoir fut donné au village où elle

se trouvait. Une autre femme attendait un enfant. Par imprudence, elle voulut traverser les grèves. Brusquement, elle ressentit les premières douleurs de l'accouchement : elle tomba sur le sable. Mais la mer arrivait. Un miracle se produisit : le flot épargna la jeune mère. Lorsque les pêcheurs la retrouvèrent, saine et sauve, son enfant était né. Une croix fut dressée, la Croix des Grèves, là où l'événement s'était accompli. Elle y demeura plusieurs siècles avant d'être engloutie par les vagues.

Les hommes du Moyen Age croyaient que les ossements des saints avaient des vertus miraculeuses. Or, ceux de l'évêque Aubert, devenu saint Aubert, avaient disparu. Bien longtemps après la fondation de l'abbaye, une musique s'y répandit. Les religieux comprirent qu'elle était divine. Ils se mirent à chercher, ils interrogèrent le neveu d'un des chanoines expulsés jadis. Enfin des coffrets furent retrouvés, dissimulés dans le plafond du dortoir. Une force miraculeuse fit sauter les serrures et l'on découvrit les reliques du saint. Un parchemin fut retrouvé qui prouvait l'authenticité de ces ossements. Ainsi, pendant des siècles, les pèlerins s'étonnèrent devant un crâne, percé d'un trou, celui que saint Michel avait fait dans le front d'Aubert.

Les fêtes religieuses

Les hommes du Moyen Age aimaient les fêtes religieuses. L'architecture du Mont, avec son immense église, ses cryptes

mystérieuses, ses grands escaliers se prêtaient bien à de splendides cérémonies.

Les processions, à travers l'abbaye, étaient fréquentes. L'abbé portait alors, comme les évêques, la mitre sur la tête et avait la crosse à la main. Les moines, au lieu de la sévère et sombre bure, revêtaient leurs chapes, longs manteaux sans manches, ou des habits blancs, les aubes. Tout le monastère était illuminé par des cierges. Les reliques, dans leurs châsses, et les Évangiles, étaient promenés parmi les pèlerins, au milieu de nuages d'encens. A chaque « station », le cortège s'arrêtait et prononçait d'ardentes prières.

Ces cérémonies pouvaient devenir de véritables « spectacles ». Des moines incarnaient des personnages du Nouveau Testament, pour bien faire comprendre les textes sacrés, comme dans les mystères joués devant les cathédrales. Au XIIe siècle d'ailleurs, un religieux du Mont, qui était poète, écrivit, en langue romane accessible à tous, et non en latin, langue de l'Église, des vers où il célébrait l'abbaye, son histoire et ses miracles. Ce *Roman du Mont Saint-Michel* était bien l'œuvre d'un trouvère, d'un « moine-jongleur ».

Le chant n'était jamais absent des cérémonies : c'était la passion des moines. La musique, exprimée par la voix humaine, embellissait la prière. Ce « plain-chant » ou « chant grégorien », par son austérité et sa simplicité, était un hommage à Dieu.

Enfin, la réception d'un nouveau moine était un moment émouvant. Le jeune homme avait le crâne en partie tondu : c'était la « tonsure », symbole de son état ecclésiastique. Après un an d'observation, il était autorisé à prononcer ses « vœux » devant toute la communauté. L'abbé l'aidait à revêtir l'habit religieux, au milieu des chants d'allégresse, et lui donnait un baiser de paix. Pendant trois jours, il priait dans l'église. Mais, après cette épreuve, il était jugé digne d'être moine.

Miniature du *Livre d'heures* de Pierre II, duc de Bretagne de 1450 à 1457 : les pèlerins arrivant au Mont Saint-Michel. Paris, BNF, ms latin 1159, fol. 160 v°

La chapelle Saint-Aubert.

Le cloître gothique, au sommet de l'abbaye. Photo Richard Nourry.

La Merveille

Au début du XIIIe siècle, le grand royaume anglo-normand se disloqua : le roi de France, Philippe Auguste, s'empara de la Normandie que de nombreux conflits ensanglantèrent. Le Mont Saint-Michel fut, pendant ces troubles, assiégé par un allié du souverain français ; la ville et l'abbaye furent même en partie incendiées. Pour se faire pardonner et gagner le monastère à sa cause, Philippe Auguste lui envoya une forte somme d'or. Car il fallait reconstruire.

Un art, qualifié plus tard de « gothique », s'affirmait alors. C'est le temps des cathédrales. L'« ogive » permettait de donner aux constructions une ampleur et une hauteur incomparables. Au Mont, l'effort des abbés et des architectes se porta sur les bâtiments conventuels où vivaient les moines. Ainsi fut construite, au nord, la Merveille, chef-d'œuvre de l'archi-tecture gothique. Les édifices romans ne suffisaient plus pour abriter les religieux dont le nombre avait augmenté, et ceux-ci, c'était un signe de changement, se souciaient plus de confort et de beauté pour leur cadre de vie.

Les architectes avaient beaucoup d'ambition pour oser bâtir, sur ce rocher abrupt, un édifice aussi haut et aussi vaste ! D'énormes contreforts furent dressés à l'extérieur pour équilibrer la Merveille. D'autre part, en s'élevant, la construction devait être de plus en plus légère, pour éviter les effondrements si fréquents jusqu'alors : l'aumônerie et le cellier, à l'étage inférieur, avaient des murs très épais et des voûtes puissantes ; au deuxième étage, la salle des Hôtes et celle des Chevaliers avaient des colonnes et des voûtes d'ogives pour soutenir le troisième étage, celui du réfectoire et du cloître.

Les pierres arrivaient par bateau, à marée haute, des îles Chausey, au large du Mont. Des tailleurs de pierre sculptaient le granite pour lui donner la forme prévue. Puis, à l'aide de cordes et de roues ou « poulains » semblables à celui que l'on admire encore au Mont, les matériaux étaient hissés le long des échafaudages. Lorsque tout était assemblé, il suffisait de retirer les cadres de bois qui avaient servi à la construction.

La vie des moines

La Merveille abritait désormais la vie quotidienne des moines. Les pèlerins pauvres étaient accueillis dans l'aumônerie, les riches, à l'étage supérieur, dans la salles des Hôtes ; ces deux salles étaient proches de l'entrée, qui, alors comme aujourd'hui, s'ouvrait à l'est, et non plus au nord-ouest, comme à l'époque romane. La communauté fuyait la foule et se réservait les parties supérieures de la Merveille, près de l'église.

Les murs épais du réfectoire avaient été percés de hautes fenêtres étroites, véritables fentes de lumière ; ils soutenaient une belle voûte de bois, en « berceau ». Les repas y étaient silencieux ; seul, un moine lisait, du haut de la chaire, située dans le mur du sud, des textes sacrés. Le cloître, suspendu entre la mer et le ciel, était le lieu de la promenade, de la méditation et de la conversation. Les galeries sont soutenues par de fines colonnettes de pierre mauve. Au-dessus de ces dernières, une roche tendre et blanche, le calcaire de Caen, a été ciselée en fleurs et feuillages ; ces « écoinçons » sont une œuvre admirable de l'art décoratif normand.

Avant la découverte de l'imprimerie, le seul moyen de conserver et de repro-

duire un texte écrit était de le copier. C'était le travail des moines. Ils s'efforçaient aussi de décorer et d'embellir ces manuscrits. C'est l'art de l'enluminure : couleurs et dessins illuminaient, illustraient les lettres. Le Mont fut appelé la « cité des livres » tant étaient nombreux et riches les ouvrages que renfermait sa bibliothèque. Car les religieux ne s'intéressaient pas seulement aux textes sacrés, aux prières mais ils se penchaient aussi sur les œuvres de l'Antiquité. C'est dans le « chauffoir » que les moines menaient à bien ce travail méticuleux, et tous leurs autres travaux. Cette salle, qui fut, plus tard, appelée salle des Chevaliers, montre bien que l'ennemi des moines était le froid qui monte de la mer et sourd de la brume : ils luttaient contre lui par des feux immenses dans les cheminées, par des tapisseries et par des fourrures. D'ailleurs, bien des religieux préféraient vivre dans des prieurés, petites dépendances de l'abbaye, sur la terre ferme.

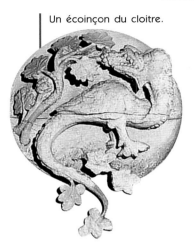

Un écoinçon du cloitre.

Le cloître du Mont Saint-Michel par Emmanuel Lansyer, 1881.
© musée des Beaux-Arts de Quimper.

Les pèlerinages

Pour l'homme du Moyen Age, le pèlerinage est une obligation. Les plus riches ou les plus courageux vont en Terre sainte, à Rome ou à Saint-Jacques-de-Compostelle ; les autres se contentent d'un sanctuaire plus proche. Le Mont Saint-Michel est, bien sûr, le grand pèlerinage normand, mais il attire aussi des pèlerins de toute la France et de toute la chré-tienté occidentale. Un chrétien va prier l'archange pour que ses péchés lui soient pardonnés et pour que ses espoirs soient réalisés. Les malades surtout attendent quelque miracle qui leur rendrait la santé à l'image de ceux qui peuplent les légendes du Mont.

Parfois l'appel de Dieu est brutal et inexplicable : un homme aurait laissé son fer chaud sur l'enclume pour partir vers le Mont. En 1333, tout un village est abandonné brutalement par ses paroissiens qui obligent leur curé à les suivre jusqu'au Mont, et à y dire la messe.

Le pèlerin qui va vers le Mont était appelé un « miquelot ». Comme tous les autres « marcheurs de Dieu », il se reconnaît à sa besace, sacoche de cuir suspendue à l'épaule droite, et à son bour-

Saint Michel. Enseigne de pèlerinage en plomb et étain, XVᵉ siècle, provenant peut-être du Mont Saint-Michel, trouvée dans la Seine.
Paris, Musée national du Moyen Âge Thermes et hôtel de Cluny.
© Photo RMN.

don, bâton noueux. Des coquilles sont aussi cousues sur ses vêtements, véritables symboles de pèlerinage.

Ce voyageur de la foi doit être respecté et secouru. Il trouve asile dans des « sauvetés » pour la nuit, dans des hôtels-Dieu, tout au long des chemins qui mènent au Mont et sont appelés les « chemins du Paradis ».

Les dangers sont nombreux sur les routes, les maladies et la fatigue menacent le voyageur. Lorsqu'il voit enfin la silhouette fameuse, le cri de « Mont-joie » symbolise bien son soulagement profond. Pourtant, il lui faut encore traverser les grèves, sur deux ou trois kilomètres ; or, les sables

mouvants sont redoutables, comme la marée soudaine, qui peuvent l'engloutir. Des vagabonds peuvent aussi égarer les pèlerins crédules dans la brume pour leur voler leur bourse.

7 LE MONT-SAINT-MICHEL. — L'Arrivée d'un Pèlerinage. — LL.

L'arrivée d'un pèlerinage au Mont Saint-Michel au début du siècle.
Collection de cartes postales de la Bibliothèque d'Avranches.

Pèlerinage au Mont-Saint-Michel.
Photo Yvon Boëlle.

Un office religieux.
Photo Bertrand Demée.

Les miquelots au Mont

C'est une foule étrange qui envahissait le Mont : invalides, malades et pèlerins se mêlaient, et l'on parlait toutes les langues et tous les patois. Il régnait là une immense espérance. Certains essayaient de voir, comme autrefois l'évêque d'Avranches Norgod, une immense clarté descendre sur le rocher : elle révélerait la présence de saint Michel. D'autres tentèrent même de passer la nuit dans l'église obscure, mais ils renoncèrent après qu'une main invisible, la main de Dieu, eut giflé l'un d'eux.

Le pèlerin assistait aux fêtes religieuses. Il essayait de toucher les châsses où étaient enfermées les précieuses reliques ; les plus curieuses sont sans doute une épée et un bouclier minuscule qui auraient servi à l'archange

L'accueil des retraitants au Mont.
Photo Bertrand Demée.

pour tuer un dragon et furent rapportés, après un miracle, d'un pays lointain. Le fidèle devait faire aussi des offrandes : le roi Philippe le Bel donna une statue couverte d'or ; les pauvres se contentaient d'un morceau de cire, qui servait à illuminer les chapelles.

La ville qui se blottissait au pied de l'abbaye accueillait les voyageurs : ils dînaient dans les « tavernes » et dormaient dans les « hostelleries ». Mais les visiteurs importants étaient reçus par l'abbé dans l'immense et lumineuse salle des Hôtes. Les plats étaient préparés dans les deux vastes cheminées que de somptueuses tapisseries séparaient du reste de la salle. Des latrines avaient été installées dans le mur du nord. Cette salle de réception, aux élégantes colonnes, était une salle d'apparat. Au-dessous, au contraire, près de l'entrée de

Un moine aujourd'hui.
Photo Bertrand Demée.

l'abbaye gothique, l'aumônerie était simple et austère : les plus pauvres y trouvaient de quoi manger.

Dans la ville, des boutiques vendaient des souvenirs appelés « enseignes » de pèlerinage ; en particulier des broches d'argent ou de vil métal représentant saint Michel ou des coquilles, mais le pèlerin se contentait souvent d'une « coque », ou « bucarde », ramassée sur les grèves.

La vie des moines

C'est en raison de son isolement que des moines avaient choisi le Mont. Sur un rocher entouré par la mer et les sables, la vie n'était donc pas facile, et il suffit de songer aux difficultés de l'approvisionnement pour la nourriture ou pour l'eau douce. Les constructions étaient aussi fragiles sur ce site escarpé, même si, avec le temps, les architectes et les tailleurs de pierre surent édifier des merveilles en répondant au défi de la nature. La beauté du lieu, la renommée du monastère et le culte de saint Michel attirèrent des pèlerins, ce qui suscita de nouveaux problèmes.

Il fallut loger et nourrir les voyageurs : la cité au pied de l'abbaye et la communauté monastique se partagèrent la tâche. Il fallut aussi offrir à Dieu des cérémonies qui puissent répondre à l'attente des fidèles.

Fête jubilaire, journée des Bretons, le 27 juillet 1909.
Collection de cartes postales de la Bibliothèque d'Avranches.

L'abbaye dans la guerre de Cent Ans

La guerre entre la France et l'Angleterre menaça dès le début du XIVᵉ siècle. Avec la peste qui éclata alors dans la chrétienté, elle ravagea le royaume : l'histoire l'a appelée « guerre de Cent Ans ».

Après les sombres défaites françaises, à Poitiers et à Crécy, un redressement fut amorcé par le roi Charles V, aidé par son connétable Bertrand Duguesclin. Ce petit chevalier breton était capitaine du Mont Saint-Michel. Lorsqu'il quitta la France pour l'Espagne, il confia son épouse, Tiphaine Raguenel, à la protection de l'archange saint Michel. Sa demeure est construite au sommet de la ville ; Thiphaine s'y occupa de bonnes œuvres et d'astrologie dont elle était passionnée : elle lisait dans les astres l'avenir du monde.

Lors d'une de ses visites à l'abbaye, le roi fou, Charles VI, fit de l'abbé Pierre le Roi, universitaire réputé, son conseiller. Cet homme se hâta de fortifier l'abbaye : l'entrée du monastère fut défendue par des tours, des cours successives et des remparts, formant le « châtelet » et sa « barbacane ». Il acheva les logis abbatiaux, au sud du Mont : c'est là que résidait l'abbé et qu'étaient installés les services administratifs et judiciaires.

La Normandie tomba aux mains des Anglais, en 1415, après le désastre français d'Azincourt. Cette province fut gouvernée par le duc de Bedford, le frère du souverain anglais, qui sut gagner à sa cause de grands personnages normands. Parmi eux, l'abbé du Mont, Robert Jolivet, successeur de Pierre le Roi, qui accepta de conseiller Bedford et reçut, en récompense, tous les biens du monastère.

Les moines refusèrent de suivre leur abbé dans sa trahison. Des chevaliers, dépossédés de leurs terres, s'étaient réfugiés auprès d'eux. Ils restèrent fidèles à la cause française dont l'unique défenseur était le dauphin Charles, plus tard Charles VII, le petit « roi de Bourges ».

Au Mont, le chœur roman s'effondra et la guerre

Le Mont vu du sud-est.

rendit impossible toute reconstruction. Un capitaine du Mont mourut dans un combat, l'îlot de Tombelaine tomba aux mains des Anglais et, comme un présage sinistre, le Couesnon changea de cours lors d'une grande marée.

Les pastoureaux

Pendant cette période troublée, dès la première moitié du XIVe siècle, un étrange phénomène fit son apparition : des enfants se rendirent en pèlerinage au Mont Saint-Michel malgré les dangers. Ils furent appelés les « pastoureaux », dans les chansons et les contes populaires. Une chronique de la ville de Cologne, en Allemagne, décrit ces grandes croisades enfantines : « Cette année-là, il y eut un grand pèlerinage au Mont Saint-Michel en Normandie, pèlerinage dont la durée fut d'environ deux ans, et qui était formé de petits enfants de huit, neuf, dix et douze ans, venant de tous les pays, villes et villages d'Allemagne, de Belgique et d'autres contrées. Ils se réunissaient en grandes troupes abandonnant pères et mères, et marchaient deux par deux, en procession ; le cortège était précédé d'étudiants avec des effigies de saint Michel. Les étendards d'une même localité se tenaient ensemble et sur les étendards, on voyait aussi les blasons de leurs seigneurs. Et c'était chose digne de pitié que de voir ces enfants sortis de chez eux, malgré la volonté de leurs parents et sans viatique (argent pour le voyage).

Néanmoins, ils se portaient bien, car tout le long de la route, on leur donnait à boire et à manger en quantité suffisante. A leur arrivée au Mont Saint-Michel, ils offraient leurs étendards à l'archange. Le cortège grossissait en route, il s'y joignait des vieillards, des valets et des domestiques des deux sexes... » Ces foules batailleuses et indisciplinées étonnaient les contemporains : les jeunes garçons n'hésitaient pas à quitter leur famille, leur ville, leur pays. Mais ces pèlerinages inquiétaient les graves hommes d'Église qui y voyaient une cause de désordre et de malaise.

Ils durèrent longtemps puisqu'un homme de lettres du XVIIIe siècle, Rétif de la Bretonne, cite un refrain populaire :

Jacquot est en pèlerinage
à saint Michel, qu'il soit guidé
dans son voyage par Raphaël,
Par ici nous gardions
ensemble les blancs moutons,
Jacquot va par le pont
qui tremble chercher pardon.

La guerre de Cent Ans

Le conflit est né entre le roi d'Angleterre Edouard III et le roi de France Philippe VI de Valois parce que le premier affirmait ses droits sur la couronne de France, comme petit-fils, par sa mère, de Philippe le Bel. Edouard avait été écarté parce qu'il était anglais surtout, mais aussi au nom d'une tradition qui excluait les femmes et leur descendance de la succession royale — on donna à cette règle le nom de « loi salique » du nom des Francs saliens. Cette disposition évitait qu'une princesse apportât le royaume de France à son mari et ce fut donc une garantie de l'indépendance du pays et de son identité. La guerre dite de Cent Ans dura plus de cent ans. Ce ne fut pas une guerre totale : elle fut entrecoupée de nombreuses trêves, voire de périodes heureuses. Néanmoins, la réalité militaire pesa d'un poids singulier sur la vie des populations.

Le château de Tombelaine, une vision fantastique d'après un dessin trouvé à la Tour de Londres.
Collection de cartes postales de la Bibliothèque d'Avranches.

II. - Tombelaine, d'après un dessin trouvé à la Tour de Londres

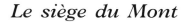

La tour de l'Arcade.

Le siège du Mont

Mais, au début du XVe siècle, la situation du Mont Saint-Michel devint critique.

Les Anglais décidèrent d'abattre cette place forte qui leur résistait. Une citadelle, bien défendue par ses remparts et par la mer, était imprenable. Il fallait l'encercler pour l'obliger, par la famine et la soif, à se rendre.

Le siège commença en 1424. Des troupes nombreuses s'installèrent sur le pourtour de la baie. Un fortin de bois, la « bastille », fut construit à Ardevon, en face du Mont, comme refuge (en cas d'attaque) et pour la surveillance des grèves. Enfin, une flottille vint assurer le blocus par mer.

Une expédition de nobles bretons quitta Saint-Malo ; d'habiles marins se lancèrent à l'assaut des nefs anglaises et les dispersèrent. Cette victoire navale rendait possible l'approvisionnement du Mont par la mer. Le siège total avait échoué et la citadelle n'avait pas succombé.

Pour la première fois depuis longtemps, ce succès redonnait confiance au camp français. L'archange semblait l'avoir

permis : son culte y gagna un prestige nouveau. C'est pourquoi saint Michel fut l'un de ceux qui apparurent à Jeanne d'Arc : « Je suis Michel, protecteur de la France, lève-toi et va au secours du roi de France. » Et il guida la bergère de Lorraine dans sa grande épopée.

Un habile capitaine, Louis d'Estouteville, fut nommé par Charles VII à la tête de la garnison montoise. Il tenta de mettre fin aux querelles, aux complots, aux pillages et aux débauches qui régnaient dans l'abbaye, car les hommes de guerre, rudes et violents, y avaient introduit tous les excès de leur vie. Cette reprise en main permit à la citadelle de résister à la dernière tentative anglaise en 1433. Un incendie se déclara dans la ville, les maisons de bois furent détruites et les remparts endommagés. Les Anglais voulurent profiter de l'occasion. Ils s'approchèrent en grand nombre, soutenus par de terribles machines de guerre qui ouvrirent une brèche dans les murailles. Les ennemis crurent la ville prise, mais la garnison tint bon, et les Anglais durent reculer. Les cadavres jonchaient les grèves et les chevaliers du Mont récupé-

Les bombardes anglaises.

rèrent deux énormes bombardes, qui furent installées à l'entrée de la ville où on les voit toujours.

Les chevaliers de saint Michel

A la fin du Moyen Age, Louis XI fut un roi habile mais cruel. Il était très dévot, et même superstitieux. Il aimait les pèlerinages ; c'est pourquoi il vint deux fois visiter le sanctuaire qui symbolisait la victoire sur les Anglais.

Il songea alors à créer un « ordre de chevalerie » dont l'archange serait le premier chevalier. Le duc de Bourgogne, grand ennemi de Louis XI, avait déjà les chevaliers de la Toison d'or. Autour du roi de France se groupaient les chevaliers de saint Michel, choisis parmi les plus grands seigneurs du royaume. Ils recevaient un collier qui était orné de coquilles d'or. Une médaille de l'ange triomphant du dragon y était suspendue avec, gravée, la devise de l'ordre : « *Immensi terror oceani* », la terreur de l'immense océan.

Les dignitaires étaient habillés de damas blanc et coiffés d'un chaperon de velours rouge ; ils assistaient à Paris, dans la chapelle Saint-Michel, au cœur de l'île de la Cité, à de belles cérémonies, que le roi présidait.

Louis XI eut une idée plus lugubre. Ce monarque impitoyable fit installer au Mont une de ses « fillettes ». Cette cage de bois et de fer était suspendue au plafond. A chaque mouvement du prisonnier qui y était enfermé, cet ensemble se

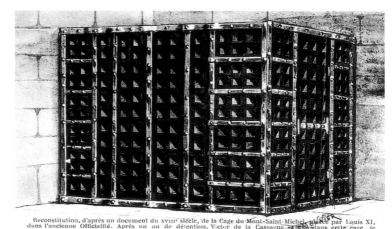

Reconstitution, d'après un document du XVIII° siècle, de la Cage du Mont-Saint-Michel placée par Louis XI, dans l'ancienne Officialité. Après un an de détention, Victor de la Cassagne expira dans cette cage, le 27 Août 1746. Une odieuse légende dit qu'il y fut dévoré par les rats ; l'histoire démontre qu'il se laissa mourir de faim. Cette cage, de bois et de fer, servait aussi de chambre de punition pour les Exilés, c'est-à-dire pour les prisonniers détenus par ordre du Roi. Dimensions approximatives : longueur 2m88, largeur, 2m24, hauteur 2m56 ; porte sur le côté droit.
(Extrait de l'ouvrage : *Les Prisons du Mont-Saint Michel, de 1425 à 1864*, par Etienne DUPONT ; Paris, PERRIN, éditeur, Librairie Académique).

La cage de fer, reconstitution d'après un document du XVIII° siècle de la cage du Mont Saint-Michel placée par Louis XI dans l'ancienne officialité. Photo Bibliothèque d'Avranches.

balançait. Dans ce lieu exigu, dans la solitude glacée de la vieille abbaye, ce supplice était un véritable enfer. Des condamnés politiques qui avaient offensé le roi ou ses serviteurs y furent enfermés au cours des siècles. Certains y furent oubliés des années durant. Ils furent la proie des rats ou succombèrent à la folie.

Les dernières constructions

Le capitaine d'Estouteville avait renforcé la défense de l'abbaye. Une ceinture de remparts et de grosses tours, comme la tour du Roy, la tour Cholet, la tour Beatrix et la tour de l'Arcade, avait entouré la ville qui, jusqu'alors, avait toujours été menacée. Avec ses canons, avec ses mâchicoulis d'où les défenseurs pouvaient laisser tomber les projectiles, ses échauguettes d'où les veilleurs pouvaient sur-

Les remparts du Mont et la tour du Nord.

Maquette du
Mont Saint-Michel,
1701. Vue du côté
de la terrasse
et de la façade
de l'abbatiale.
Paris, musée
des Plans-Reliefs.
Photo Dephti.

abandonna au prieur. Ainsi était inauguré le système de la « commende ». L'abbé ne résidait pas au sein de sa communauté, mais il recevait une grande partie des revenus de l'abbaye.

Désormais le roi donna de nombreux monastères à de grands personnages qu'il voulait honorer ou récompenser.

Le prestige du cardinal, son influence auprès du pape et du roi, facilitèrent la reconstruction de l'église. Une crypte dite « des gros piliers » soutenait la nouvelle construction qui ne fut achevée qu'au début du XVIe siècle. Le chœur, élancé et élevé, est éclairé par de hautes fenêtres et par une galerie ajourée, aux délicates sculptures. Pour soutenir l'édifice au sommet du rocher, des arcs-boutants furent élevés à l'extérieur, en guise d'« étais » de pierre. Ce chevet fut décoré par des « pinacles », c'est-à-dire de fines pyramides ornées de fleurs. En raison de sa richesse et de sa profusion, cet art fut qualifié de « flamboyant ». Un « escalier de dentelle », au nom suggestif, permet d'escalader cette forêt de granite jusqu'aux toitures, d'où le regard embrasse toute la baie.

L'escalier de dentelle.

veiller les grèves, le Mont Saint-Michel était bien devenu l'une des plus redoutables forteresses de cette époque. La longue guerre avait favorisé les progrès dans l'art d'attaquer et de se défendre.

L'abbé Jolivet était mort à Rouen au milieu des Anglais qu'il avait bien servis. Louis d'Estouteville avait imposé son frère Guillaume comme abbé du Mont. Cet homme était un prince de l'Église, un cardinal. Ses hautes et multiples fonctions l'empêchèrent de se consacrer à son monastère qu'il

Les guerres de Religion

Au début du XVIᵉ siècle, un lieutenant du roi acheva la défense de la ville. Trois portes, celle de l'Avancée, celle du Boulevard, celle du Roy, que renforçaient un fossé, un pont-levis et une herse, protégeaient bien désormais l'entrée du bourg.

Tout au long du siècle, les rois de France vinrent visiter la célèbre abbaye, et François Iᵉʳ y fut reçu somptueusement. Mais les guerres de Religion bouleversèrent le royaume, et le Mont fut entraîné dans le tourbillon des combats et des massacres. Les protestants s'efforcèrent de s'emparer de cette place forte catholique. Comme elle était réputée imprenable, le capitaine Le Touchet songea, en 1577, à employer la ruse. Des hommes déguisés en pèlerins pénétrèrent dans

Les guerres de Religion

Au XVIᵉ siècle, l'Eglise catholique fut contestée et une nouvelle confession chrétienne s'affirma, avec Luther, puis avec Calvin : le protestantisme. Il se diffusa en France et les conversions se multiplièrent. La monarchie française chercha à arrêter cette progression. En vain.
Après la mort de Henri II, ses fils se succédèrent sur le trône : François II, Charles IX puis Henri III, et la reine mère Catherine de Médicis eut une forte influence sur le gouvernement. Mais déjà catholiques et protestants s'affrontaient, et les divisions existaient même dans chacun des deux camps.
En 1572, Charles IX ordonna le massacre des gentilshommes protestants alors présents à Paris, mais cela relança la guerre civile. Elle prit une dimension nouvelle lorsqu'il apparut qu'après Henri III de Valois, son successeur serait Henri de Bourbon, un cousin lointain, qui était protestant. Pour que Henri IV fût vraiment reconnu comme roi de France, il lui fallut se convertir, reconquérir son royaume et trouver un accommodement religieux, à travers l'édit de Nantes.

Planche extraite
de l'**Atlas curieux**
de Nicolas de Fer,
1705. Paris,
musée des Plans-Reliefs.
Photo Dephti.

L'entrée des cachots.
Photo Richard Nourry.

l'enceinte ; ils avaient dissimulé leurs armes. Ils gagnèrent, en leur offrant du vin, la confiance des soldats qui, dans la salle des gardes, surveillaient l'entrée de l'abbaye. Puis ils s'installèrent sur le Saut-Gauthier, en attendant l'arrivée de renforts. Un novice de l'abbaye, c'est-à-dire un futur moine, comprit leurs intentions et donna l'alarme. Les religieux ameutèrent la ville, blottie au pied du monastère. Se voyant découverts, les faux pèlerins crièrent « Ville gagnée » pour forcer le destin. Mais tous les habitants prirent leurs armes pour aider les religieux. Le capitaine Le Touchet, qui arrivait avec ses cavaliers, rebroussa chemin, et ses compagnons durent se rendre.

Un autre stratagème fut utilisé plus tard par des membres de la redoutable famille des Montgomery. Des gentilshommes, déguisés en femmes et en pêcheurs, s'approchèrent du Mont. A la porte de la ville, les gardiens se méfièrent et ils furent froidement assassinés. Les troupes huguenotes surgirent, et purent s'emparer du bourg. Mais l'abbaye résistait. Le gouverneur militaire était absent du Mont. Aux premières nouvelles, il rassembla des combattants et accourut. Comme il ne pouvait traverser la cité occupée, il se hissa, à l'aide de cordages, jusqu'à l'enceinte fortifiée. Une contre-offensive était alors possible. Les protestants pris entre deux feux furent vaincus.

Les prisonniers furent enfermés sur l'île de Tombelaine.

L'abbaye en ruines

La vie monastique se dégradait peu à peu. Les moines abandonnaient leur abbaye : certains préféraient vivre dans les tavernes. Ils n'étaient plus respectés. Les abbés étaient choisis par le roi parmi les plus grands seigneurs, ainsi l'abbé de Guise ou le cardinal de Montmorency. Mais depuis longtemps, ils ne venaient plus au Mont ; ils se contentaient de percevoir une partie de ses revenus. Un sursaut fut amorcé, lorsque de nouveaux bénédictins, les Mauristes, s'installèrent. Ces érudits étaient passionnés par l'histoire du Mont, qu'ils étudiaient à partir des manuscrits accumulés au cours des âges.

Les bâtiments étaient mal entretenus et ils menaçaient ruine. Les deux hautes tours et trois travées de l'église s'effondrèrent ;

Excursion au Mont Saint-Michel, affiche des Chemins de fer de l'Ouest, 1895.
Conservatoire de l'Affiche de Locronan.

elles ne furent pas relevées, mais remplacées en 1780 par une façade classique très simple.

Pendant ce temps, l'abbaye se transformait en prison : c'était la « Bastille des mers ». Le roi condamnait sans jugement, par simple « lettre de cachet », des aristocrates débauchés, de mauvais prêtres ou des opposants politiques, à vivre sur l'îlot rocheux. Les plus coupables étaient enfermés dans des cachots humides et obscurs, voire dans la fameuse cage de Louis XI.

En 1788, les fils du duc d'Orléans vinrent visiter le Mont Saint-Michel, guidés par leur gouvernante, une romancière et éducatrice célèbre, Madame de Genlis. L'aîné, Philippe, devint en 1830 le roi Louis-Philippe Ier. Pendant le dîner, des prisonniers furent introduits et racontèrent leurs aventures extraordinaires. Le lendemain, les jeunes princes visitèrent les cryptes et les cachots. Ils virent la cage, « ce monument de barbarie », s'en firent raconter l'histoire, et réclamèrent sa destruction. Un soldat suisse, qui gagnait de l'argent en la montrant aux visiteurs, reçut, en dédommagement, un bon pourboire. En présence des enfants, la porte de la cage fut enlevée.

L'îlot de Tombelaine

Tombelaine signifie « petite tombe ». C'est, comme le Mont, un rocher granitique que l'érosion de la mer a épargné. Ce lieu est désert aujourd'hui. Pourtant, il fut longtemps une modeste réplique de la grande abbaye voisine. Une chapelle et un prieuré y avaient été édifiés. Les moines y faisaient des retraites ; un savant vénitien y travailla. Peu à peu, ce lieu se transforma aussi en citadelle. Les Anglais s'en emparèrent pendant la guerre de Cent Ans et, de là, menacèrent la garnison montoise. Au XVIIe siècle, ce château appartint à Fouquet, et lorsque le surintendant tomba en disgrâce, Louis XIV fit raser les fortifications. Tombelaine, où, selon la légende, était morte la fiancée du roi Arthur, Hélène, disparaissait de l'Histoire.

La résurrection du Mont

La Révolution française dispersa les derniers moines, mais ne supprima pas les prisons du Mont Saint-Michel : l'abbaye n'était plus désormais qu'une « maison de force », lugubre et angoissante. Après chaque émeute ou chaque révolution manquée, de nouveaux prisonniers politiques y étaient envoyés. Victor Hugo a évoqué le sort tragique de ces hommes : « Autour de nous, partout à perte de vue, l'espace infini, l'horizon bleu de la mer, l'horizon vert de la terre, les nuages, l'air, la liberté, les oiseaux envolés à toutes ailes, les vaisseaux à toutes voiles ; et puis, tout à coup, là, dans une crête de vieux murs, au-dessus de nos têtes, la pâle figure d'un prisonnier. »

Quelques-uns parvinrent à s'échapper, ainsi le peintre Colombat. Il s'était emparé d'un vieux clou, lors d'un incendie dans l'abbaye. Il perça le mur. Une complice lui fit passer une corde dans un pain. Entre deux rondes de nuit, il se laissa glisser le long du haut mur. Il était sauvé, et son évasion le rendit célèbre du jour au lendemain. Un autre prisonnier illustre, Barbès, tenta de l'imiter, mais, secoué par le vent et aveuglé par le brouillard, il lâcha prise, et en fut quitte pour une jambe cassée. La garnison était alertée : il fut repris.

Les écrivains romantiques et les visiteurs du XIXe siècle redé-

Lithographie du XIXe siècle montrant le Mont à marée haute.
Musée d'Avranches.
Photo Paul Hay.

Le Mont-Saint-Michel vu du port de Moidrey, par Paul Huard, vers 1840. Musée d'Avranches.

couvrirent l'abbaye : ils admiraient cette architecture fantastique. Le tourisme naissait. C'est sous le Second Empire que le pénitencier fut supprimé. En 1874, le Mont devenait « monument historique ».

Le Mont Saint-Michel renaissait de ses ruines. La restauration fut faite avec exactitude et minutie. La flèche gothique fut reconstruite, achevant la silhouette fameuse qui se dresse au-dessus des sables. Un moine puis une petite communauté vinrent y ranimer la vie religieuse. Cette abbaye, qui est aussi citadelle, est le témoin d'un millénaire d'efforts pour plaire à Dieu, aux moines et aux pèlerins.

Le Mont-Saint-Michel, par Eugène Isabey (1803-1886). Amiens, musée de Picardie. Photo Bulloz.

Pêcheur montois, reproduction d'une carte postale ancienne d'après une gravure originale de Lalaisse, 1852. Musée d'Avranches. Photo Bibliothèque d'Avranches.

MONT-SAINT-MICHEL. — *Vue prise de la Digue*

Le Mont côté sud,
voitures à cheval.
Collection de
cartes postales de la
Bibliothèque d'Avranches.

Le débarquement
des touristes à marée
haute. Collection
de cartes postales
de la Bibliothèque
d'Avranches.

94   MONT SAINT-MICHEL. — *L'Entrée du Mont à Marée haute*

N D Phot

88 MONT SAINT-MICHEL. — *Arrivée du train sur la digue.* — ND. Phot.

**Arrivée du tramway
sur la digue.**
Collection de
cartes postales de la
Bibliothèque d'Avranches.

**Le Mont côté sud,
le départ du train.**
Collection de
cartes postales
de la Bibliothèque
d'Avranches.

5009. – MONT-SAINT-MICHEL
La Grande Rue - G. F.

La Grand-Rue au début du XXe siècle... Collection de cartes postales de la Bibliothèque d'Avranches.

VISITER LE MONT SAINT-MICHEL

Nous allons décrire les principales étapes d'une visite au Mont. Après avoir franchi les portes de la ville, nous nous dirigerons vers l'abbaye. Nous suivrons l'ordre d'une visite traditionnelle, mais cet ordre est simplement indicatif. Après avoir admiré le monastère, il est nécessaire de se promener dans la ville et sur les remparts.

Les portes de la ville

L'un des soucis majeurs des hommes du Moyen Age était de fortifier l'entrée de la ville. Trois portes monumentales furent édifiées, pour prolonger la résistance en cas d'attaque : la porte de l'Avancée, la porte du Boulevard et la porte du Roy. La troisième, la porte du Roy était protégée vers le sud par les deux grosses tours de l'Arcade et du Roy. Un fossé, un pont-levis, une herse rendaient son franchissement difficile. Les armes de l'abbaye, de la ville et du souverain, symboles des trois pouvoirs, y avaient été apposées. Les gardes faisaient le guet du haut du chemin de ronde et vivaient dans le logis du Roy. Cette entrée était pré-

... et aujourd'hui.

cédée par le Boulevard, et sa porte, imaginés aussi au XVe siècle. Au XVIe siècle, le lieutenant du roi acheva ce système défensif par la porte de l'Avancée. Les « bourgeois », c'est-à-dire les habitants de la ville, devaient, à tour de rôle, y monter la garde : la porte est flanquée du corps de garde des bourgeois.

En 1434, un incendie éclata dans la ville. Les Montois, assiégés depuis plusieurs années, semblaient découragés. Les Anglais tentèrent un assaut contre la forteresse. Ils utilisaient des machines redoutables. Ils furent pourtant repoussés ; les vainqueurs récupérèrent des canons qui furent appelés michelettes ou miquelettes. La guerre avait créé ses propres moyens de destruction. La puissance de ces bombardes imposait le renforcement des murailles, et de tout le système défensif.

La porte du Boulevard.

La porte de l'Avancée.

34

La porte
du Roy.

L'entrée de l'abbaye :
la barbacane
et le Châtelet.

L'entrée de l'abbaye

Cette abbaye est bien une citadelle. Si les pentes abruptes du rocher rendent difficile toute attaque, les hommes, de tout temps, s'efforcèrent de protéger le monastère. Déjà, les bâtiments romans étaient bien défendus. La Merveille gothique, avec ses trois étages, ses murailles altières et ses puissants contreforts, semble imprenable.

Avec les premières inquiétudes de la guerre de Cent Ans, l'effort militaire fut continué, et Pierre le Roi, à la fin du XIVe siècle, fit construire le *Châtelet.* Ce châtelet fut précédé d'un ouvrage avancé, rectangulaire et crénelé, la barbacane. Deux belles tourelles le flanquent, encadrant l'entrée elle-même. L'escalier qui conduit à la *salle des gardes* fut fermé par une herse ; abrupt, il a été comparé à un « gouffre ». Près de la poterne (porte fortifiée) méridionale du châtelet, se trouve une ancienne taverne, « La Truie qui file ».

L'enceinte de la ville
et au second plan,
les logis abbatiaux.

Après le long siège du Mont par les Anglais, le capitaine Louis d'Estouteville sut élaborer un système défensif de première grandeur. Tous les remparts furent renforcés, de 1425 à 1440, et l'ensemble de la ville fut désormais enveloppé par une enceinte. Comme les armes à feu s'étaient améliorées tout au long des combats, cette architecture

a prévu leur emploi : c'est un moyen actif de défense. Au Mont, les canonnières abondent, où des canons étaient prêts à repousser tout assaut.

Après avoir été au nord-ouest, l'entrée de l'abbaye passa à l'est. Au rez-de-chaussée, fut installée la porterie. La plus belle cheminée du monastère,

décorée de riches moulures, y fut dressée. A partir de 1364, les visiteurs durent y laisser leurs armes ; à la fin du XIVe siècle, quand le Mont devint citadelle, la porterie se transforma en salle des gardes. Avec ses hautes voûtes étagées, elle s'ouvre sur le grand degré intérieur et les logis abbatiaux, mais aussi sur l'aumônerie gothique.

La tour Boucle.

Le *Grand Degré extérieur* conduit de la ville à l'abbaye.

L'« entrée » dans une ville ou dans une abbaye donnait lieu, au Moyen Age, à des cérémonies grandioses, lorsque le visiteur était puissant et illustre. C'était un acte sacré que la tradition finit par régler. Le roi était reçu aux portes de la ville, l'archevêque de Rouen en haut de la ville, l'évêque d'Avranches à l'entrée de l'abbaye : l'entrée respectait la hiérarchie de la société. Ainsi l'architecture devait servir de cadre majestueux à cette escalade lente du rocher : le *Grand Degré intérieur* avec ses paliers et ses larges marches, participait à ce cérémonial.

Il longe les logis abbatiaux. C'était la partie « mondaine » de l'abbaye, en contact permanent avec les visiteurs.

Cet escalier avait aussi un rôle de défense. Passage obligé vers le sanctuaire, c'était un fossé entre deux hautes murailles. Moines ou soldats

pouvaient le défendre depuis les deux ponts fortifiés, qui sautaient des logis aux profondeurs de l'église.

L'un de pierre, avec ses mâchicoulis, construit au XVᵉ siècle témoigne de cette fonction militaire ; l'autre fut édifié en bois et en ardoise, au XVIᵉ siècle.

Le Grand Degré conduit à la terrasse appelée *Saut-Gauthier*, où s'ouvre le portail méridional de l'église.

Le Grand Degré intérieur.

La flèche,
et l'Archange,
œuvre de Frémiet.

La façade de l'église.

L'église abbatiale

La construction de cette église commença au XIᵉ siècle, mais l'édifice était fragile et il fallut le remanier à plusieurs reprises à travers les âges.

La façade de l'église et le plomb du four

Du XVIᵉ au XIXᵉ siècle, les bâtiments se dégradèrent. Les trois premières travées de l'église furent détruites à la fin du XVIIIᵉ siècle. La façade classique fut achevée en 1780. Sobre et discrète, elle convient au Mont. La façade romane était aussi d'une grande simplicité. Elle était flanquée de deux tours qui ressemblaient à celles de Jumièges ; elles avaient été édifiées par Robert de Thorigny. L'une d'elles disparut à la fin du Moyen Age, l'autre, au sud, dite de l'Horloge, subsista jusqu'à l'incendie de 1776. A la place des premières travées fut aménagée cette plate-forme occidentale, appelée le plomb ou plan du four ou du fond. Elle regarde, à l'ouest, les îles Chausey : c'est là qu'était extrait le granite employé au Mont. A gauche de la façade, la sacristie actuelle n'est autre que l'ancien dortoir des moines, étage supérieur des bâtiments conventuels romans. La proximité de l'église permettait aux religieux de se rendre, en pleine nuit, dans le sanctuaire, pour y chanter matines.

Le clocher de l'église

La foudre est souvent tombée sur le clocher de l'église, incendiant la fragile charpente de bois. A l'époque gothique, une haute flèche était flanquée de six pyramidions (sommets pyramidaux). Au XVIIᵉ siècle, un clocher « à bulbe » fut construit ; une plate-forme y fut aménagée, au XVIIIᵉ siècle, pour accueillir le télégraphe Chappe. Enfin, l'architecte Petitgrand édifia le clocher actuel. Ses deux étages « romans » furent couronnés d'une flèche gothique qui est la réplique de celle de Notre-Dame de Paris. Elle fut surmontée d'une statue de saint Michel qui brandit sa lance en terrassant le dragon : c'est une œuvre de Frémiet. Ainsi se trouvait achevée la silhouette du Mont Saint-Michel.

Les armes de l'abbaye

Ce blason, encadré d'une draperie sculptée, fut placé à l'entrée de l'église au XVIIIᵉ siècle, derrière la nouvelle façade. Les armes de l'abbaye ne se fixèrent que peu à peu. Au XVᵉ siècle, trois coquilles les ornaient. Elles devinrent ensuite ce « semis de coquilles de sable (de couleur noire), portant en chef [en bandeau horizontal] les lys de France ». L'abbaye se consacra très tôt aux pèlerinages : cette vocation

est évoquée par les coquilles qui singularisaient les pèlerins, tout au long de leur route. Les lys, symboles de la monarchie française, y furent associés : ils disaient la protection du roi de France sur le monastère et la citadelle. La crosse et la mitre, qui parfois y étaient ajoutées comme décoration, indiquaient la dignité de l'abbé qui était « mitré et crossé », c'est-à-dire l'égal d'un évêque. Chaque abbé avait aussi ses propres armes de famille. Il les faisait souvent figurer sur les vitraux de l'église.

La nef romane (XIe siècle)

Les architectes du Moyen Age animèrent leur sanctuaire, en en rythmant la longueur par des travées, la hauteur par des étages.

La nef qui comportait, à l'origine, sept travées fut terminée vers 1084. C'était alors le plein essor de l'architecture normande, sous l'impulsion de l'abbé-architecte, Guillaume de Volpiano. Les Normands réservaient la voûte aux parties les plus « saintes » de leurs églises. Pour la nef, ils se contentèrent d'une charpente de bois, berceau plus léger sur ce rocher étroit.

A l'origine, le plafond était peut-être plat. La voûte de bois aurait été installée au XVe siècle. La croisée du transept a été élevée en 1138 par Bernard

du Bec. Elle est voûtée d'ogives, ce qui annonce des temps nouveaux. En la restaurant entièrement, avec ses quatre piliers, l'architecte Petitgrand perça le trou de cloche à la fin du XIXe siècle.

Le chœur roman était lui aussi voûté. Mais il s'écroula au XVe siècle. Etait-ce un chœur bénédictin formé de deux travées et de deux bas-côtés, se terminant carrément à l'abside ? Ou bien, était-ce, comme semble l'indiquer une miniature des *Très Riches Heures du duc de Berry*, un chœur à déambulatoire ?

Le côté septentrional de la nef romane (XIIe siècle)

La nef du Mont Saint-Michel révèle les progrès de l'art architectural à l'époque romane. La solidité de l'édifice est assurée désormais par un squelette de colonnes et d'arcs, et non par un entassement de pierres. La pesanteur et les poussées sont prises en considération. « Tout l'édifice devient ainsi un organisme agissant et non une force passive ; l'œuvre de maçonnerie devient œuvre d'architecture » (Germain Bazin).

La finesse, l'élégance et le rythme ne furent pas acquis sans catastrophes. Un matin de 1103, alors que les moines priaient, le mur nord de la nef s'effondra sur les bâtiments conventuels. Il fallut le reconstruire plus épais et moins ajouré. La partie sud de la nef est donc du XIe siècle alors que la partie nord est du XIIe.

Pour chaque travée, trois

La nef de l'église.
Photo Bertrand Dauleux.

L'art roman

C'est au XIXe siècle seulement que s'imposa la notion d'art « roman ». Jusqu'alors tout était qualifié, non sans mépris, de « gothique ». Comme nombre de bâtiments avaient été édifiés à partir du XIe siècle en Normandie, les érudits parlèrent d'abord d'art « normand », puis, pour désigner un mouvement artistique qui dépassait les limites de la Normandie, les historiens préférèrent la notion d'art « roman », par comparaison avec la langue romane, qui était le produit de l'évolution du latin au contact des langues des envahisseurs. Parce que le duc de Normandie Richard II avait installé à Fécamp un Italien, Guillaume de Volpiano. Celui-ci réorganisa les monastères normands, fit du duché une pépinière d'évêques et d'abbés, et favorisa la reconstruction des bâtiments. Son influence fit beaucoup pour l'unité de l'art roman dans toute la Normandie.

étages sont marqués par deux bandeaux horizontaux : les grandes arcades, la tribune au-dessus, les fenêtres hautes qui font entrer la lumière. Chaque travée est surmontée d'un grand arc de décharge : en supportant tout le poids de la charpente, il permet de n'élever entre les colonnes qu'un mur mince. L'autre singularité se trouve dans cette longue colonne engagée qui s'élève jusqu'au sommet de l'église et qui en est un véritable « contrefort intérieur ».

Les piles du chœur (milieu du XVᵉ siècle)

Lorsque les piliers du chœur atteignirent la hauteur des tribunes, les travaux furent interrompus. Ils ne reprirent qu'au début du XVIᵉ siècle. Ces dix piles donnaient au chœur un plan polygonal. Chacune d'elles a la forme d'un losange et est un faisceau de colonnettes, toutes semblables les unes aux autres. Chaque colonnette correspond à une retombée des ogives ou des arcs. Tous les détails participent ainsi à la logique organique de cette architecture parfaite. Un déambulatoire court autour du chœur. Des chapelles rayonnantes s'y ouvrent. Au fond de l'église, dans la chapelle d'axe, qui était appelée au XVIIᵉ siècle Notre-Dame-du-Circuit, le « circuit » étant le nom du déambulatoire, une piscine, ornée de fleurons (ornements en forme de fleurs), a été disposée, pour recevoir de l'eau bénite.

Le chœur flamboyant (1450-1521)

Il est inspiré de la nef de Saint-Ouen de Rouen, abbaye dont Guillaume d'Estouteville fut aussi abbé. Les plans initiaux furent peut-être dressés par un même architecte dans les deux cas, Guillaume Pontis. Saint-

La croisée du transept et le chœur.

Ouen fut considéré, à la fin du Moyen Age, comme l'un des aboutissements de l'art gothique. Le projet du XVᵉ siècle pour le Mont fut respecté scrupuleusement, quoique la construction eût été achevée par Guillaume et Jean de Lamps, au début du XVIᵉ siècle. Quatre siècles séparent donc la nef romane du chœur, qui est comme un dernier éclat de l'art médiéval.

Tout est sacrifié à la verticalité. Les piliers sont dépouillés de tout chapiteau. L'étroitesse des travées par rapport à leur hauteur renforce l'impression de « jaillissement », d'élan vertical. Chaque travée est aussi rythmée par trois étages, l'arcade, le triforium ou tribune ajourée, la fenêtre haute.

Le triforium

Le triforium, soutenu par les voûtes du déambulatoire, contourne les piliers, pour ne pas les affaiblir. La claire-voie laisse pénétrer la lumière. L'art flamboyant en a fait une belle dentelle sculptée, avec sa balustrade, portée par des arcs trilobés, et ses multiples lancettes (ogives de forme allongée), surmontées d'une frise. Les ogives couronnent cette « cage de verre » (F. Enaud) qu'est le sommet du chœur ; elles se rejoignent par des clefs que décorent les armes de l'abbaye, de Jean le Veneur et un saint Michel terrassant le dragon.

L'escalier de dentelle

Un escalier a été construit dans une culée du chevet, plus épaisse que les autres. Il aboutit à une passerelle aérienne, qui rejoint la toiture du chœur. L'art flamboyant a ciselé le granite du garde-fou et des pinacles à fleurons. A travers cette dentelle de pierre, toute la baie du Mont Saint-Michel se dévoile avec ses sables et ses eaux.

Le chevet
(début du XVIᵉ siècle)

Les voûtes, très hautes, du chœur avaient tendance à se déverser vers l'extérieur. Il fallut donc les « contre-buter ». Les arcs-boutants jouent le rôle d'étais de pierre. Les forces obliques sont transmises à d'énormes contreforts verticaux. Ceux-ci sont formés de deux culées, véritables colonnes aériennes, réunies par un mur, dont le sommet est évidé en une claire-voie et couronné d'un chaperon. Ces contreforts reposent sur les murs de séparation des chapelles rayonnantes et sont ainsi disposés en éventail. Si le chevet est ainsi une « forêt de pierre », c'est que la prudence est devenue, par peur des catastrophes, une qualité essentielle de l'architecte.

Les contreforts du chevet ont été surmontés de pinacles : ces pyramides, ornées de fleurons, c'est-à-dire de fleurs de pierre, disent assez le génie décoratif de ce temps.

Le déambulatoire du chœur.

Le chevet flamboyant.

Le promenoir des moines (XIIe siècle). Photo Richard Nourry.

Les bâtiments conventuels romans et les cryptes

A l'époque romane (XIe siècle), l'entrée de l'abbaye était au nord-ouest du rocher. Les bâtiments s'élevaient sur trois étages avec le dortoir près de l'église, au-dessous le promenoir des moines, et au-dessous encore la salle de l'Aquilon.

A l'ouest, l'abbé Robert de Thorigny aménagea son logis.

Des cryptes soutiennent l'église abbatiale : Notre-Dame des Trente Cierges sous le bras nord du transept, par exemple. Cette chapelle, où étaient conservés des vêtements de la Vierge, était le cœur spirituel de l'abbaye. Son vestibule, dont la colonne centrale est ornée de feuillages gothiques, servit de prison : c'était le « cachot du diable ».

Le promenoir des moines (XIIe siècle)

Sous le dortoir, cette longue salle témoigne d'un tournant dans l'art architectural. L'abbé Roger II avait fait construire des voûtes d'arêtes, mais Bernard du Bec les remplaça, après l'incendie de 1138, par des voûtes d'ogives. Deux nervures, jetées entre deux arcs doubleaux se croisent en diagonales. Cette technique, qui donne aux voûtes une plus grande ampleur, annonce déjà l'art gothique. Deux nefs, séparées par cinq colonnes, s'appuient sur le rocher à l'est, sur l'Aquilon à l'ouest.

Quelle était la destination de cette salle ? On l'ignore. La tradition veut que ce fût le cloître roman, où les moines se délassaient et se promenaient, d'où le nom de promenoir. Les bâtiments contigus et défigurés auraient été le réfectoire et la cuisine ; les Mauristes y installèrent leurs latrines.

La salle de l'Aquilon (XIIe siècle)

Ce nom de vent froid fut donné à l'aumônerie romane parce qu'elle était située au nord. L'entrée de l'abbaye était originellement au nord-ouest, c'est dans cette salle que les pèlerins étaient d'abord accueillis. Elle ne communiquait pas avec les bâtiments conventuels au-dessus, pour que fût préservée la solitude des moines : l'escalier qui mène au promenoir est donc récent.

Après l'incendie de 1112, l'abbé Roger II fit remplacer la couverture de bois par des voûtes de pierre. Il voulait ainsi éloigner le danger du feu.

La salle de l'Aquilon
(ou aumônerie romane).
Photo Richard Nourry.

La construction

Il suffit de parcourir l'abbaye du Mont pour comprendre que les moines avaient choisi ce site pour marquer leur rupture avec le monde, mais qu'ils voulurent aussi relever le défi d'y construire un ensemble d'édifices pour étonner les hommes et honorer Dieu. Car la construction d'une grande église et de bâtiments conventuels sur un rocher escarpé était une gageure. Des chapelles souterraines et des cryptes permirent de soutenir la nef du sanctuaire, qui fut flanqué au nord d'un édifice sur trois étages et d'un ensemble d'autres à l'ouest. Puis la Merveille offrit aux moines un ensemble architectural spectaculaire. Bien sûr, il y eut des accidents au fil du temps : des murs ou des voûtes s'effondrèrent, mais le monument a survécu. Or, la stabilité était fondée sur le dialogue réussi entre la communauté monastique qui exprimait ses souhaits, des architectes — ils nous sont inconnus et étaient sans doute eux-mêmes des moines — et les artisans. Il fallait faire venir des pierres au Mont. Puis, selon les dessins qui avaient été proposés, les tailleurs de pierre préparaient les pierres pour qu'elles puissent s'ajuster parfaitement. Des charpentes de bois étaient dressées pour recevoir les arcs. Des roues permettaient de hisser les pierres qui étaient installées, puis les supports de bois étaient enlevés, lorsque l'équilibre général était acquis.

Notre-Dame-sous-Terre.

vivait, y recevait, y jugeait, y punissait. A l'étage supérieur, sous la plate-forme occidentale, deux salles étaient destinées à l'officialité, le tribunal de l'abbé. Sous une voûte en berceau du XIe siècle, fut suspendue, au temps des prisons, la fameuse « cage de fer ». Plus à l'ouest, Robert de Thorigny fit construire, au XIIe siècle, ses austères appartements qui s'ouvraient sur la mer. Il y reçut le roi Henri II en 1158. A l'étage inférieur, près de la porte d'entrée, était la porterie ; par une baie, le portier surveillait les voyageurs qui parvenaient sous le porche, après avoir franchi le préau, proche de l'Aquilon. Deux cachots, deux « Vade in pace » étaient enfouis dans le sol ; ils furent appelés les « deux jumeaux » lorsque l'abbaye devint la « Bastille des mers ».

Ce sont ici des voûtes d'arêtes (formées par la pénétration de deux berceaux de même cintre). Les sobres chapiteaux sont dits à volutes. Le motif central a la forme d'un cœur.

Les appartements de Robert de Thorigny (fin du XIIe siècle)

Par de longues galeries voûtées, les pèlerins se dirigeaient vers le sud de l'abbaye. Les logis abbatiaux romans se dressaient au sud-ouest sur trois étages. C'était là le siège de la vie temporelle du monastère : l'abbé y

Notre-Dame-sous-Terre (milieu du Xe siècle)

C'est l'église préromane. Elle fut construite au milieu du Xe siècle, au moment de la fondation de l'abbaye ; ses deux nefs parallèles sont séparées par un mur, percé de deux arcades. Les traditions carolingiennes y transparaissent parfois. Le mur cyclopéen, au fond de cette chapelle, pourrait évoquer le vieil oratoire, des VIIIe et IXe siècles. Cette église, originellement en plein air, fut transformée en crypte lorsque la nef romane fut édifiée. Elle fut profondément mutilée au XVIIIe siècle, puis restaurée au XXe siècle : le béton précontraint permettait de soutenir la masse de l'abbatiale.

La roue, le poulain (XIXe siècle) et l'ossuaire roman

L'abbaye romane se prolongeait, au sud, par des bâtiments qui étaient destinés à accueillir les pèlerins. Ces trois étages s'écroulèrent en 1817 ; leur souvenir est gardé dans un plan-relief du musée des Invalides. L'infirmerie, qui a disparu, ouvrait sur la chapelle Saint-Etienne, chapelle des morts où l'on lavait peut-être les cadavres. Elle fut voûtée d'ogives au XIIIe siècle. Le cimetière des moines lui était contigu. La mort était ainsi intégrée dans l'architecture. L'administration pénitentiaire installa, dans cet ossuaire, une grande roue. Des prisonniers qui marchaient à l'intérieur la faisaient tourner. Un chariot pouvait ainsi être hissé le long d'un poulain, véritable échelle de pierre, inclinée le long du rocher. C'est d'ailleurs un héritage du Moyen Age puisque cette roue ressemble à celle que les moines utilisaient. L'une d'elles fut longtemps employée dans le cellier roman, une autre dans celui gothique de la Merveille. C'est par cette dernière voie qu'un capitaine, pendant les guerres de Religion, tenta de pénétrer dans la citadelle.

Le poulain.

La roue.

La chapelle Saint-Martin.

en berceau de plein cintre est un modèle d'austère rigueur. La liturgie chrétienne privilégiait les cryptes, lieux du recueillement et de la prière.

La voûte de pierre fut le choix essentiel de l'âge médiéval. Son atmosphère obscure convenait aux rites funéraires auxquels l'abbaye se consacrait. Les seigneurs aimaient reposer à l'ombre d'un sanctuaire. La voûte améliorait aussi l'acoustique des chapelles. Le chant n'était-il pas la passion des moines, et peut-être leur art suprême ?

La crypte des Gros Piliers (1446-1450)

Le chœur roman s'effondra en 1421 ; mais la guerre rendit toute reconstruction impossible. La paix revenue, le cardinal d'Estouteville, le puissant abbé du Mont, fit commencer les travaux. La crypte des Gros Piliers fut édifiée en quelques années pour soutenir le nouveau chœur. Dix énormes piles cylindriques furent dressées dont le noyau central était peut-être l'ancienne colonne romane. Deux d'entre elles, plus petites, ont reçu le nom évocateur de palmiers. Des nervures, au profil prismatique, animent les voûtes, et retombent en pénétration sur les piliers ou sur les murs. L'art flamboyant imposait ses techniques savantes, et ses critères esthétiques : l'art de tailler les claveaux (pierre d'une voûte, taillée en forme de coin) et l'ajustage précis s'alliaient au goût pour les formes aiguës.

La chapelle Saint-Martin

La crypte Saint-Martin soutient la partie méridionale du transept de l'abbatiale. Sa voûte

48

La crypte des Gros Piliers. Photo Richard Nourry.

La Merveille

La « Merveille » est la partie gothique de l'abbaye. Elle fut construite, après les destructions du début du XIIIe siècle, pour remplacer les bâtiments conventuels romans, trop exigus et trop inconfortables. L'aile de l'est fut édifiée d'abord. Elle comporte, au-dessus d'un large talus, trois étages qui symbolisent bien la hiérarchie sociale au Moyen Age. Les pauvres recevaient des vivres à l'étage inférieur, dans l'aumônerie dont les voûtes d'arêtes rappellent les traditions romanes. Au deuxième étage, l'abbé recevait les riches et les puissants dans la salle des Hôtes : la voûte y était d'ogives.

Le réfectoire enfin était la salle à manger des moines, le clergé étant considéré comme le premier ordre de la société médiévale. Une charpente de bois y fut choisie pour ne pas affaiblir l'édifice. Cet ensemble architectural fut soutenu par de puissants contreforts extérieurs.

La partie occidentale de la Merveille fut construite après la partie orientale. Elle comportait trois étages. Au sommet, le cloître, en dessous, la salle des Chevaliers avec sa grande baie, enfin le cellier, qui servait de cave. Les vivres y étaient hissés depuis les grèves, par une grande roue ; un pont-levis avait été suspendu, au nord, entre deux épais contreforts qui soutiennent l'édifice. Cette aile de l'abbaye était réservée aux moines :

Le cloître.

c'était le cadre de leur vie monastique. Un troisième corps de bâtiments était prévu, plus à l'ouest encore, pour accueillir la salle capitulaire, lieu d'assemblée et de délibération de la communauté. Il ne fut jamais édifié. A l'angle nord-ouest, à l'endroit le plus inaccessible, fut construit le chartrier, où étaient conservées les archives du monastère, garant de ses richesses et de son passé. Cette petite salle aérienne s'appuie sur un énorme contrefort d'angle.

Le cloître
(début du XIIIᵉ siècle)

C'est le lieu de la promenade, de la conversation et du recueillement. C'est le dernier étage de la Merveille ; il était réservé aux moines. Ce jardin, suspendu entre la mer et le ciel, est entouré de galeries couvertes. Situé au niveau du réfectoire et de l'église, il repose sur les voûtes de la salle des Chevaliers. Pour aménager cet espace, ouvert et clos à la fois, on raccourcit le transept de l'abbatiale, où fut percée une grande fenêtre gothique. Les murs latéraux furent construits de granite. Le lavatorium, ou lavabo, y fut disposé avec son double banc et sa fontaine, au niveau du sol. L'abbé y célébrait, à l'exemple du Christ, la cérémonie du lavement des pieds. Les moines y faisaient leurs ablutions avant le repas. La galerie occidentale devait ouvrir sur le chapitre qui ne fut jamais édifié ; les trois baies vitrées en avaient été les portes.

Les colonnettes du cloître

Leurs fûts furent peut-être taillés en Angleterre et importés. A l'origine, c'était sans doute du calcaire lumachelle, proche du marbre ; l'architecte Corroyer préféra une variété de granitelle. La dureté de cette roche explique le profil prismatique et la simplicité des socles, des bases, et des tailloirs. Les colonnettes ont été disposées « en quinconce » : au lieu d'être accouplées, elles sont groupées en deux séries, décalées l'une par rapport à l'autre. Des arcades les relient, pour une même série, et des arcs « diagonaux » délimitent de petites voûtes triangulaires. Cette succession de trépieds donne à la construction une stabilité absolue, car les forces de pesanteur et de déversement sont régulièrement réparties. Cette technique originale pour un cloître n'était pourtant pas rare dans l'art normand gothique qui l'employait fréquemment pour des portails. Comme cet art n'aime pas le vide, des crochets à têtes épanouies, ornés de feuilles, ont été sculptés sous les voûtes.

Un écoinçon du cloître

Entre les arcades du cloître, la pierre tendre, le calcaire de Caen a été sculpté. Ces écoinçons prouvent assez que l'art normand a aimé les dentelles de pierre. Deux compositions ont été choisies : une rosace encadrée de trois autres petites roses, ou bien un rinceau (ornement de feuillage) qui occupe

Des écoinçons.

Un jardin suspendu
entre mer et ciel…
Photo Richard Nourry.

La Merveille,
coupe longitudinale
sur le bâtiment Est.
Dessin d'Émile Sagot,
plume et aquarelle,
vers 1865.
© CNMHS.

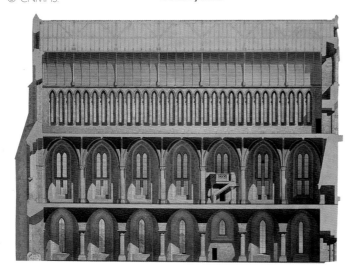

toute la surface triangulaire. Si le thème végétal domine, celui de la vigne en particulier, c'est qu'il donne libre cours à l'imagination du sculpteur. La cavité, creusée dans le mur, fait un fond d'ombre sur lequel se détachent les volutes des sculptures. Une frise court aussi le long du cloître, au-dessus des écoinçons.

Le réfectoire
(début du XIIIᵉ siècle)

Le repas monastique était une véritable cérémonie. Des prouesses techniques furent imaginées pour embellir la salle où il avait lieu. A une voûte qui aurait été trop lourde, les architectes préférèrent une charpente de plein cintre, immense carène renversée, qui, à l'époque gothique, rappelle le vaisseau de la nef romane. Un mur épais supportait cette charge continue et pour ne pas l'affaiblir par de grandes baies, des fenêtres, étroites comme des meurtrières, y furent percées. Enfoncées dans la muraille, elles sont invisibles de l'entrée du réfectoire, auquel elles donnent une étonnante luminosité. Chacune d'elles est encadrée par de fines colonnettes. Les repas étaient silencieux : un moine lisait les textes sacrés. Sa chaire est logée dans la paroi méridionale, et toute la salle, grâce à son excellente acoustique, portait sa voix. L'office et la cuisine flanquaient le réfectoire au sud.

La salle des Hôtes
(début du XIIIᵉ siècle)

Construite par l'abbé Raoul des Isles, cette salle accueillait les visiteurs riches ou fameux qui y prenaient leurs repas avec l'abbé. Deux nefs où l'on allongeait les tables, deux immenses cheminées, où l'on préparait la cuisine et qui étaient séparées du reste de la salle par des tapis-

BÂTIMENT EST

series, des latrines dans le mur nord, c'est l'équipement d'une salle de réception. Par l'élégance des ogives et des colonnes, par la luminosité assurée par les grandes baies de l'est, par la beauté des feuillages stylisés, mais aussi par les éléments disparus de décoration (peintures, carrelages, vitraux, tapisseries), l'art gothique devient art d'apparat. Venu d'Ile-de-France, il a fait de cette salle « l'une des plus élégantes créations de l'architecture civile au Moyen Age » (Germain Bazin), et annonce les œuvres de Royaumont et d'Ourscamp. La salle des Hôtes est précédée, au sud, par la chapelle Sainte-Madeleine où les voyageurs faisaient leurs dévotions, avant et après le repas.

La salle des Chevaliers
(début XIIIe siècle)

Elle doit son nom à l'ordre de chevalerie des Chevaliers de saint Michel, institué par Louis XI. Pourtant, aucune assemblée, semble-t-il, ne s'y tint. C'était le « chauffoir » des moines. De vastes cheminées, dont le manteau monte jusqu'à la voûte, permettaient de lutter contre le froid. Des tapisseries partageaient la salle en petites pièces ; elles isolaient aussi le passage surélevé du sud, où les hôtes passaient pour se rendre à l'église, sans déranger les moines. Car c'était aussi la « grande salle » de travail, le scriptorium, salle distincte d'ordinaire du chauffoir, dans les abbayes bénédictines ; les moines y copiaient et y enluminaient des manuscrits.

NIVEAU SUPÉRIEUR DE LA MERVEILLE : Le réfectoire des moines.

NIVEAU INTERMÉDIAIRE : La salle des Hôtes.

NIVEAU INFERIEUR : L'aumônerie gothique.

BÂTIMENT OUEST

NIVEAU SUPÉRIEUR DE LA MERVEILLE : Le cloître.

NIVEAU INTERMÉDIAIRE : La salle des Chevaliers.

NIVEAU INFERIEUR : Le cellier.

L'art normand affirme toute son originalité : la robustesse prime, plutôt que l'élégance, et l'évolution est nette par rapport à la salle des Hôtes construite auparavant. Les colonnes sont ici trapues. Les ogives ont un profil plus accentué : le tore, c'est-à-dire la grosse moulure, est dégagé par deux gorges profondes. Enfin, les chapiteaux, peu évasés, sont ornés de beaux feuillages de pierre. Dans ces quatre nefs, de grandes verrières prodiguent la lumière.

Les logis abbatiaux

L'abbé vivait là, au contact des pèlerins, alors que les moines se réfugiaient dans la « clôture » du nord. De l'est au sud, il est possible de décrire les éléments de l'abbaye. Au-delà de la Merveille et du Châtelet, se dressent les logis abbatiaux, la partie « mondaine » de l'abbaye, construite peu à peu du XIIIᵉ au XVIᵉ siècle. Le tribunal de Belle-Chaise, aux étroites fenêtres séparées par des colonnettes, surmonte la salle des Gardes.

La garnison s'installa dans la tour Perrine, grosse tour carrée au toit pointu, qu'avait édifiée Pierre le Roi. Elle touche la bailliverie, où vivait un officier laïc, le bailli. Puis vient le logis de l'abbé, imposante demeure, soutenue par trois contreforts et quatre arcs de décharge ; sous

COUPE BATIMENT OUEST

l'Ancien Régime, les prisonniers politiques y étaient détenus ; c'étaient le Petit et le Grand Exil. Enfin, la chapelle Sainte-Catherine-des-Degrés et le logis des prieurs occupaient le dernier édifice, près du Saut-Gauthier. Cette architecture civile n'est pas sans avoir une puissance toute militaire : face à la montée des périls, il avait fallu protéger la vie de l'abbaye.

Belle-Chaise

Au-dessus de la salle des gardes, Belle-Chaise était une salle occupée par l'officialité, c'est-à-dire le tribunal de l'abbé. C'est là qu'il jugeait, car il avait droit de justice sur tous les hommes de son domaine. Seules les affaires criminelles lui échappaient, car un homme d'Eglise ne devait pas verser le sang. Il siégeait sur cette chaire ou cette « chaise » qui donna son nom au lieu.

Le logis de l'abbé.

La cité du Mont et ses remparts

La cité

Le Mont Saint-Michel, c'est aussi la « ville », petite bourgade normande, blottie au pied de l'abbaye, à laquelle, de tout temps, elle fut liée. Les maisons se groupèrent d'abord au nord, puis elles se réfugièrent au sud. Les pèlerins y trouvaient des auberges et des tavernes, comme le visiteur d'aujourd'hui trouve des hôtels et des restaurants. Ils y achetaient des enseignes de pèlerinage, comme le touriste des souvenirs. Une rue étroite conduit au monastère. Un raccourci, le chemin des Monteux, lui était préféré par les habitants du Mont, les Montois. Une petite église, dédiée à saint Pierre, accueille les fidèles ; une belle tête de Christ, commandée par André de Laure en 1483, a été déposée dans la sacristie. Un petit

L'abbaye vue de l'est, avec Belle-Chaise. Photo Eric Cattin.

L'abbaye derrière le rempart.

Maison des Artichauts.

Maison de la Sirène.

Pour la célèbre omelette de la Mère Poulard.

cimetière, gardé par un calvaire de granite, domine la mer, tout près de l'église. Quelques demeures anciennes ont été conservées, comme l'ancienne hôtellerie de la Lycorne du XVe siècle, d'autres ont été restaurées comme la maison dite « de Tiphaine Raguenel », l'épouse de Duguesclin ; d'autres furent imaginées.

Les remparts

Au XVe siècle, des remparts furent construits tout autour de la ville. Ils s'appuyaient sur des tours, depuis la tour du Nord et son échauguette (guérite de pierre, placée en encorbellement et surveillant les grèves) jusqu'aux portes de la cité. Le progrès est net par rapport aux techniques anciennes du Moyen Age : le système défensif est un tout,

désormais. Les tours ne sont plus des fortins, conçus en vue d'une résistance locale. Liées entre elles par un chemin de ronde, elles ne dominent plus le rempart mais sont défendues par lui ; c'est le principe moderne : « ce qui défend est défendu » (Germain Bazin).

Le Café des Remparts.
Collection de cartes postales de la Bibliothèque d'Avranches.

Les armes de
Robert Jolivet.

Le rempart, aux multiples ressauts, longe les maisons du bourg ; des mâchicoulis, d'où les défenseurs pouvaient laisser tomber des projectiles, le jalonnent. La tour Boucle était appelée autrefois bastillon ; elle s'avance comme un éperon, au-dessus des sables et n'est pas sans annoncer, par sa forme, les fortifications de Vauban. Les meurtrières horizontales devaient accueillir des bombardes, ces énormes canons de la fin du Moyen Age. Comme une ville, derrière ses remparts, était imprenable, l'artillerie s'était transformée. La défense s'était améliorée, comme l'attaque.

L'entrepôt des Fanils et la tour Gabriel (1524)

Le lieutenant du roi, Gabriel Dupuy, acheva le système défensif du Mont. Car, au début du XVIe siècle, l'art de l'ingénieur militaire parvenait à sa perfection : la tour, dite Gabriel, en est un bon exemple. Toutes les directions de tir étaient prévues ; rapidement, la garnison pouvait réagir à n'importe quelle attaque. Les canons étaient disposés à l'intérieur des murs épais. Ce gros bastion circulaire, qui ressemble à ceux de Fougères, défendait l'entrepôt des Fanils. Une cheminée permettait l'évacuation des fumées. Un moulin à vent fut installé, au XVIIe siècle, sur la plate-forme.

L'entrepôt des Fanils et la tour Gabriel.

Le Mont dans la nuit.

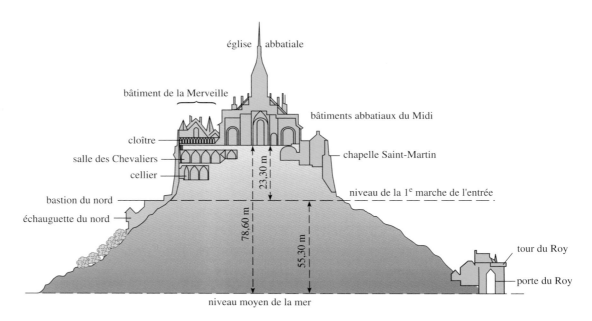

église abbatiale

bâtiment de la Merveille

cloître

salle des Chevaliers

cellier

bastion du nord

échauguette du nord

bâtiments abbatiaux du Midi

chapelle Saint-Martin

niveau de la 1ᵉ marche de l'entrée

23,30 m

78,60 m

55,30 m

tour du Roy

porte du Roy

niveau moyen de la mer

Coupe transversale nord-sud

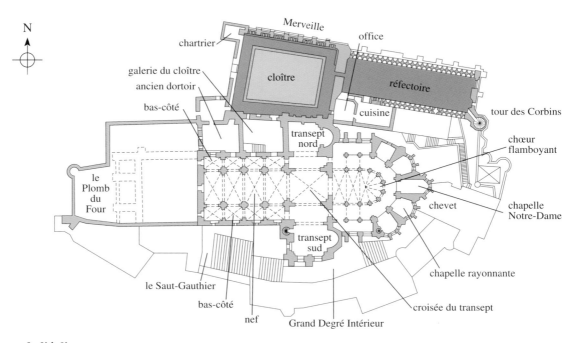

N

Merveille

chartrier

office

galerie du cloître

ancien dortoir

bas-côté

cloître

réfectoire

tour des Corbins

cuisine

transept nord

chœur flamboyant

le Plomb du Four

chevet

chapelle Notre-Dame

transept sud

chapelle rayonnante

le Saut-Gauthier

croisée du transept

bas-côté

nef

Grand Degré Intérieur

Niveau de l'église

62

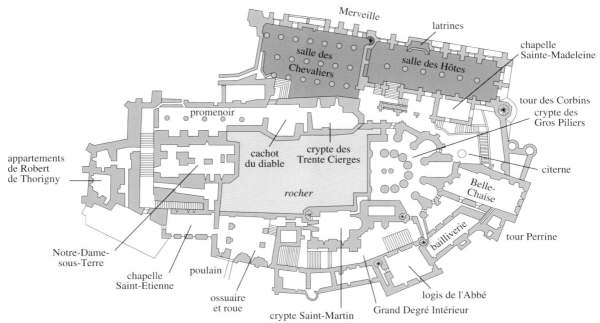

Merveille

salle des Chevaliers

salle des Hôtes

latrines

chapelle Sainte-Madeleine

tour des Corbins

crypte des Gros Piliers

citerne

promenoir

cachot du diable

crypte des Trente Cierges

rocher

Belle-Chaise

appartements de Robert de Thorigny

bailliverie

tour Perrine

Notre-Dame-sous-Terre

chapelle Saint-Etienne

poulain

ossuaire et roue

crypte Saint-Martin

logis de l'Abbé

Grand Degré Intérieur

Niveau intermédiaire

La Merveille
Murs de l'abbaye
Végétation, jardins
Rocher

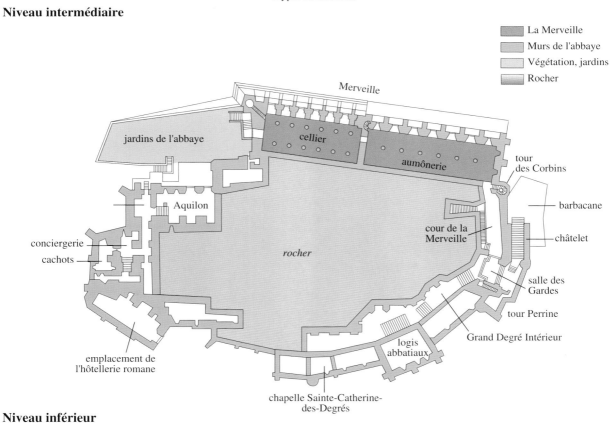

Merveille

jardins de l'abbaye

cellier

aumônerie

tour des Corbins

barbacane

Aquilon

cour de la Merveille

châtelet

conciergerie

cachots

rocher

salle des Gardes

tour Perrine

Grand Degré Intérieur

logis abbatiaux

emplacement de l'hôtellerie romane

chapelle Sainte-Catherine-des-Degrés

Niveau inférieur

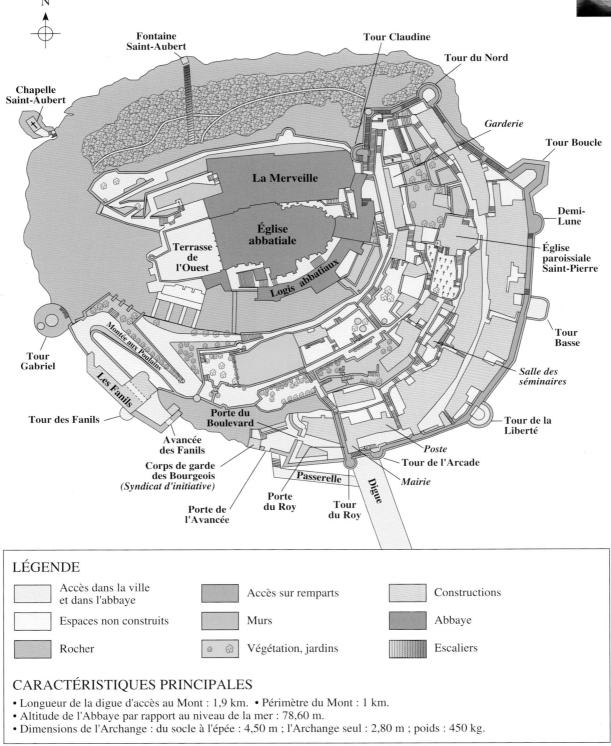

LÉGENDE

- Accès dans la ville et dans l'abbaye
- Espaces non construits
- Rocher
- Accès sur remparts
- Murs
- Végétation, jardins
- Constructions
- Abbaye
- Escaliers

CARACTÉRISTIQUES PRINCIPALES

- Longueur de la digue d'accès au Mont : 1,9 km. • Périmètre du Mont : 1 km.
- Altitude de l'Abbaye par rapport au niveau de la mer : 78,60 m.
- Dimensions de l'Archange : du socle à l'épée : 4,50 m ; l'Archange seul : 2,80 m ; poids : 450 kg.

En couverture : Le Mont vu du sud-est.

Cet ouvrage a été imprimé par POLLINA à Luçon (85) - n° 79275
I.S.B.N. 2.7373.2252.9 - Dépôt légal : mars 1999
N° éditeur : 3640.02.06.01.00